Impressum
Verlag: BABADADA GmbH, Nedderfeld 112 , 22529 Hamburg
Geschäftsführer / Verlagsleitung: Harald Hof
Druck: Books on Demand GmbH, In de Tarpen 42, 22848 Norderstedt

Imprint
Publisher: BABADADA GmbH, Nedderfeld 112 , 22529 Hamburg, Germany
Managing Director / Publishing direction: Harald Hof
Print: Books on Demand GmbH, In de Tarpen 42, 22848 Norderstedt

Šola

shule

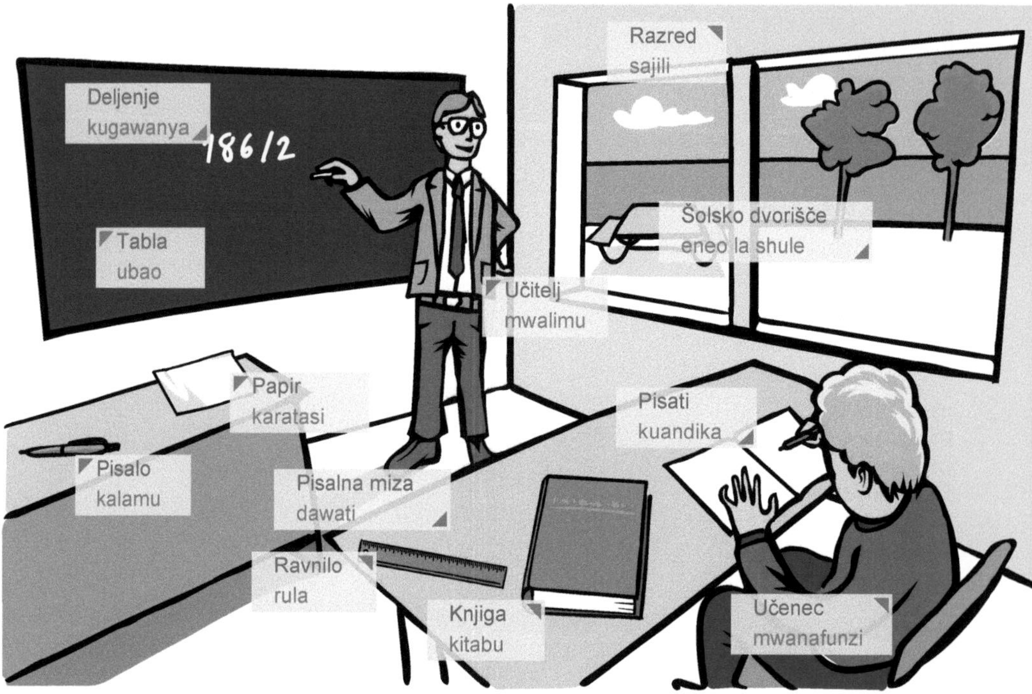

Razred
sajili
Deljenje
kugawanya
186/2
Tabla
ubao
Šolsko dvorišče
eneo la shule
Učitelj
mwalimu
Papir
karatasi
Pisati
kuandika
Pisalo
kalamu
Pisalna miza
dawati
Ravnilo
rula
Knjiga
kitabu
Učenec
mwanafunzi

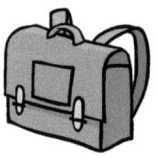

Šolska torba

mkoba

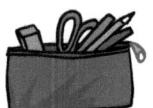

Peresnica

kikasha cha penseli

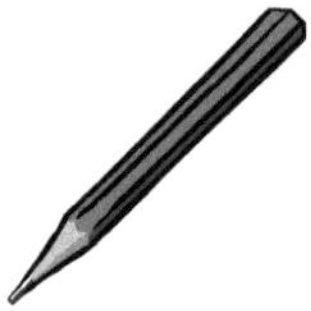

Svinčnik

penseli

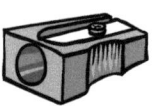

Šilček

kichonga penseli

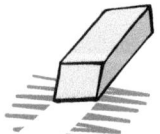

Radirka

mpira

Risalni blok

pedi ya kuchora

Risba

uchoraji

Čopič

brashi ya rangi

Vodene barvice

sanduku la rangi

Škarje

mkasi

Lepilo

gundi

Zvezek

daftari

Domača naloga

kazi ya nyumbani

Število

nambari

Seštevanje

jumlisha

Odštevanje

ondoa

Množenje

zidisha

Računanje

kokotoa

Črka

barua

Abeceda

alfabeti

Beseda

neno

Besedilo

maandishi

Brati

kusoma

Kreda

chaki

Učna ura

somo

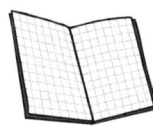

Redovalnica

sajili

Preizkus znanja

uchunguzi

Spričevalo

cheti

Šolska uniforma

sare za shule

Izobrazba

elimu

Enciklopedija

elezo

Univerza

chuo kikuu

Mikroskop

darubini

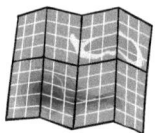

Zemljevid

ramani

Koš za smeti

kikapu cha kuweka karatasi chafu

Potovanje
usafiri

Hotel
hoteli
Grand
Hostel
hosteli
ROOMS
Menjalnica
ofisi ya ubadilishanaji
Kovček
sanduku
Avtomobil
gari

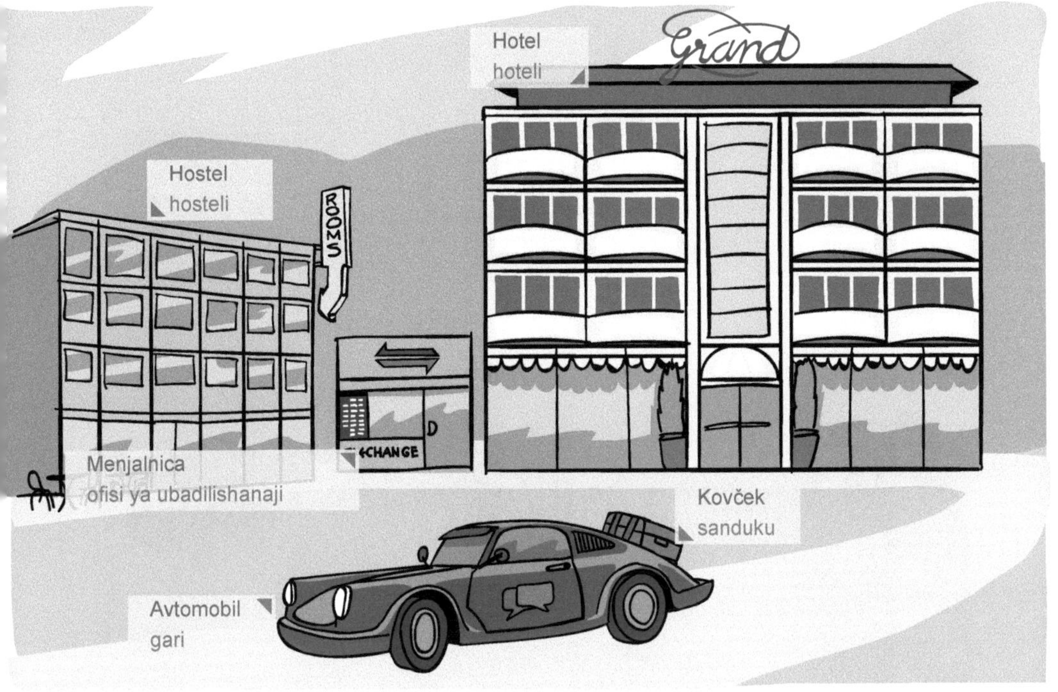

Jezik
lugha

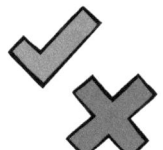

da / ne
ndiyo / la

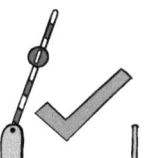

Prav
sawa

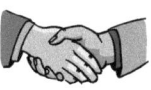

Pozdravljeni
hujambo

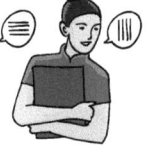

Prevajalec
mtafsiri

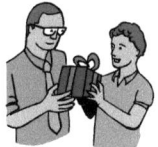

Hvala
Asante

Koliko stane…?

kiasi gani ni …?

Ne razumem

Sielewi

Težava

tatizo

Dober večer!

Jioni njema!

Dobro jutro!

Habari za asubuhi!

Lahko noč!

Usiku mwema!

Nasvidenje

kwa heri

Smer

mwelekeo

Prtljaga

mizigo

Torba

mfuko

Nahrbtnik

shanta

Gost

mgeni

Soba

chumba

Spalna vreča

begi la kulalia

Šotor

hema

Turistične informacije

taarifa ya utalii

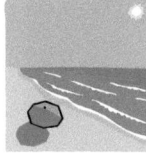

Plaža

ufuo

Kreditna kartica

kadi

Zajtrk

kifunguakinywa

Kosilo

chakula cha mchana

Večerja

chakula cha jioni

Vozovnica

tiketi

Dvigalo

kuinua

Znamka

muhuri

Meja

mpaka

Carina

mila

Veleposlaništvo

ubalozi

Vizum

visa

Potni list

pasipoti

Prevoz

usafiri

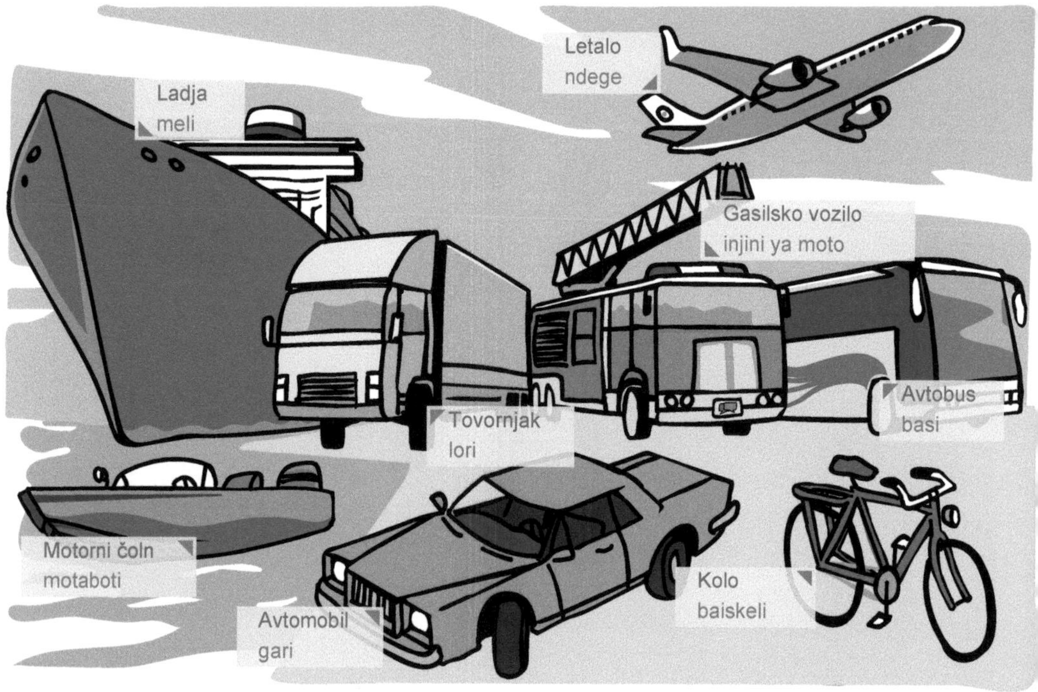

Letalo
ndege
Ladja
meli
Gasilsko vozilo
injini ya moto
Avtobus
basi
Tovornjak
lori
Motorni čoln
motaboti
Kolo
baiskeli
Avtomobil
gari

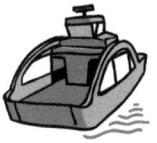

Trajekt
feri

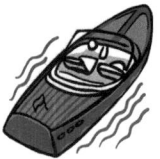

Čoln
mashua

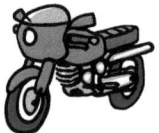

Motorno kolo
pikipiki

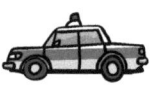

Policijski avto
gari la polisi

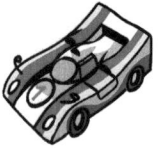

Dirkalni avto
gari la mashindano

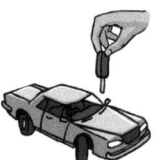

Najeto vozilo
gari la kukodisha

Souporaba avtomobila

kushiriki gari

Avtovleka

lori la kuvuta

Smetarsko vozilo

ukusanyaji taka

Motor

motor

Gorivo

mafuta

Bencinska postaja

kituo cha mafuta

Prometni znak

ishara trafiki

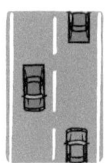

Promet

trafiki

Zastoj

msongamano

Parkirišče

maegesho

Železniška postaja

kituo cha treni

Tirnice

reli

Vlak

garimoshi

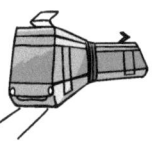

Tramvaj

tremu

Vagon

gari la mizigo

Helikopter

helikopta

Letališče

uwanja wa ndege

Stolp

mnara

Potnik

abiria

Kontejner

chombo

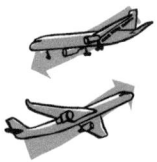

Karton

katoni

Voziček

mkokoteni

Košara

kikapu

vzleteti / pristati

ondoka

Mesto

jiji

Vas

kijiji

Mestno jedro

katikati ya jiji

Hiša

nyumba

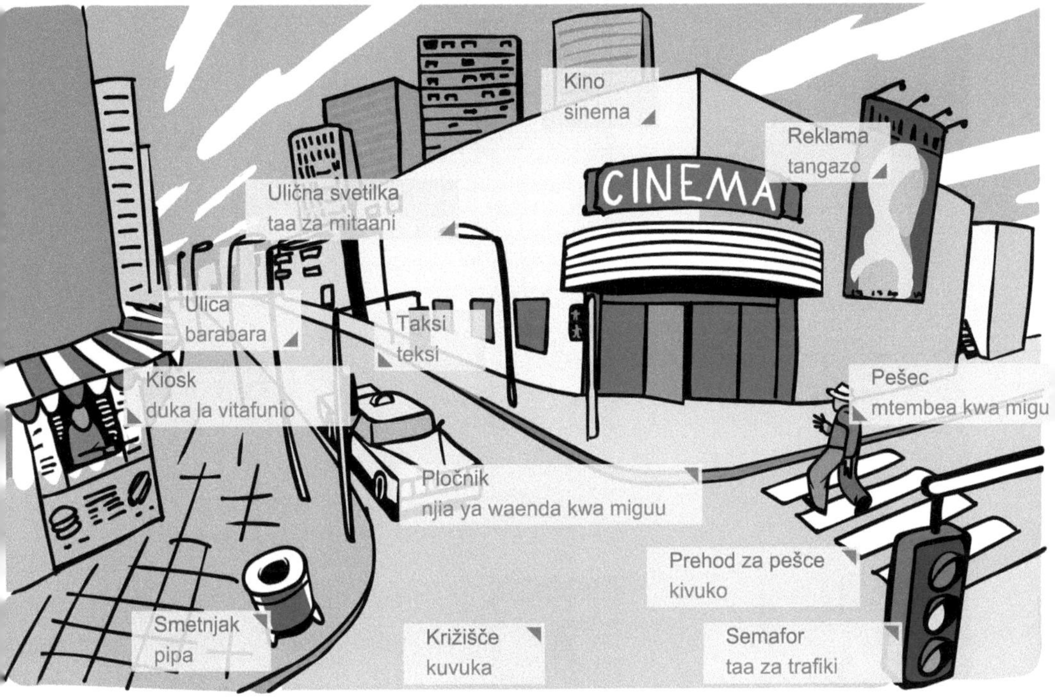

Kino
sinema

Reklama
tangazo

Ulična svetilka
taa za mitaani

Ulica
barabara

Taksi
teksi

Kiosk
duka la vitafunio

Pešec
mtembea kwa migu

Pločnik
njia ya waenda kwa miguu

Prehod za pešce
kivuko

Smetnjak
pipa

Križišče
kuvuka

Semafor
taa za trafiki

Koča
kibanda

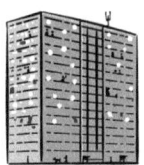

Stanovanje
gorofa

Železniška postaja
kituo cha treni

Mestna hiša
ukumbi wa mji

Muzej
Makavazi

Šola
shule

Univerza
chuo kikuu

Banka
benki

Bolnišnica
hospitali

Hotel
hoteli

Lekarna
duka la dawa

Pisarna
ofisi

Knjigarna
duka la kitabu

Trgovina
duka

Cvetličarna
duka la maua

Supermarket
dukakuu

Tržnica
soko

Veleblagovnica
idara ya kuhifadhi

Ribarnica
mwuza samaki

Nakupovalno središče
kituo cha ununuzi

Pristanišče
bandari

Park
Hifadhi

Klop
benki

Most
daraja

Stopnice
vidato

Podzemna železnica
chini ya ardhi

Predor
handaki

Avtobusno postajališče
kituo cha mabasi

Bar
bar

Restavracija
mgahawa

Poštni nabiralnik
sanduku la posta

Ulična tabla
ishara ya barabara

Parkirna ura
mita ya maegesho

Živalski vrt
bustani ya wanyama

Kopališče
kidimbwi cha kuogelea

Mošeja
msikiti

Kmetija
shamba

Onesnaževanje
uchafuzi

Pokopališče
makaburini

Cerkev
kanisa

Otroško igrišče
uwanja wa michezo

Tempelj
hekalu

Pokrajina
mazingira

List
jani

Kažipot
ishara ya mwelekeo

Pot
njia

Travnik
malisho

Kamen
jiwe

Drevo
mti

Pohodnik
mtembeaji wa masafa

Reka
mto

Trava
nyasi

Cvetlica
ua

Dolina

bonde

Hrib

kilima

Jezero

ziwa

Gozd

msitu

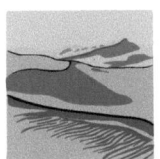

Puščava

jangwa

Vulkan

volkano

Grad

ngome

Mavrica

upinde wa mvua

Goba

uyoga

Palma

mtende

Komar

mbu

Muha

kuruka

Mravlja

chungu

Čebela

nyuki

Pajek

buibui

Hrošč

mende

Žaba

chura

Veverica

kuchakuro

Jež

nungunungu

Zajec

sungura

Sova

bundi

Ptič

ndege

Labod

swan

Divji prašič

nguruwe mwitu

Jelen

kulungu

Los

aina ya kongoni

Jez

bwawa

Vetrnica

tabo ya upepo

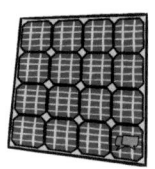

Solarna plošča

nishaji ya jua

Podnebje

hali ya hewa

Restavracija
mgahawa

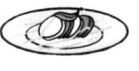

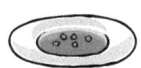

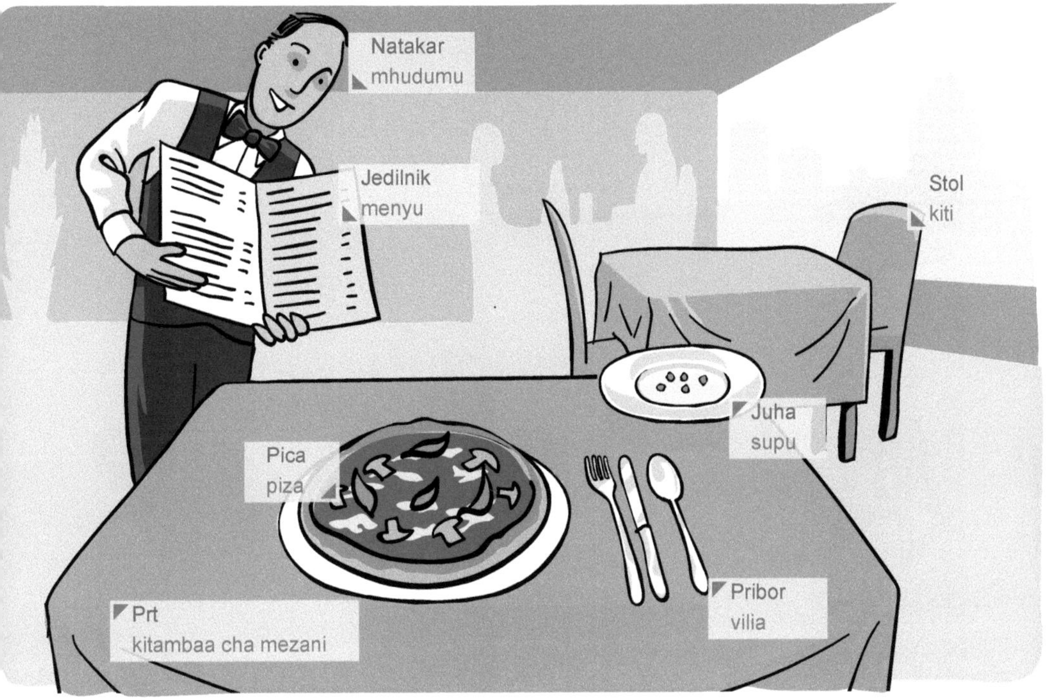
Natakar
mhudumu
Jedilnik
menyu
Stol
kiti
Juha
supu
Pica
piza
Pribor
vilia
Prt
kitambaa cha mezani

Predjed

kiamsha hamu

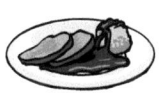

Glavna jed

kozi kuu

Sladica

kitindamlo

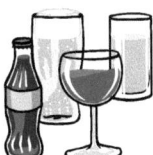

Pijače

vinywaji

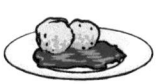

Hrana

chakula

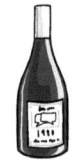

Steklenica

chupa

Hitra hrana

chakula cha haraka

Ulična hrana

Streetfood

Čajnik

buli

Sladkornica

kisanduku cha sukari

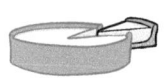

Porcija

sehemu

Aparat za espresso

mashine ya espresso

Stolček za hranjenje

kiti kirefu

Račun

muswada

Pladenj

trei

Nož

kisu

Vilica

uma

Žlica

kijiko

Čajna žlička

kijiko cha chai

Servieta

nepi

Kozarec

glasi

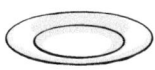

Krožnik

sahani

Globoki krožnik

sahani ya supu

Krožniček

sufuria

Omaka

mchuzi

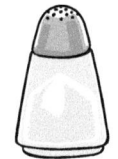

Solnica

kichanyaji chumvi

Mlinček za poper

kinu cha pilipili

Kis

siki

Olje

mafuta

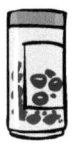 

Začimbe

viungo

Kečap

kechapu

Gorčica

haradali

Majoneza

kachumbari nzito

Supermarket
dukakuu

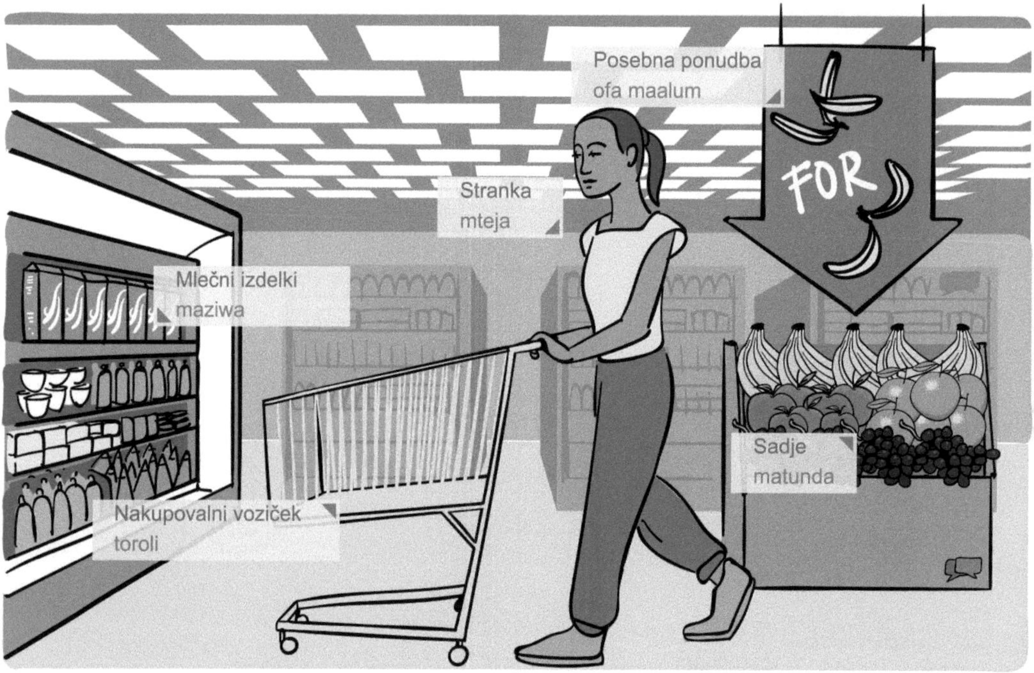

Posebna ponudba
ofa maalum
FOR
Stranka
mteja
Mlečni izdelki
maziwa
Sadje
matunda
Nakupovalni voziček
toroli

BUTCHERS

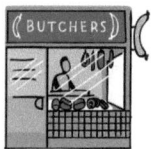

Mesnica

mchinjaji

BAKERY

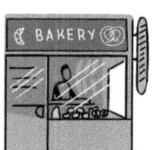

Pekarna

mwokaji

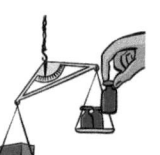

Tehtati

uzito

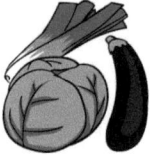

Zelenjava

mboga

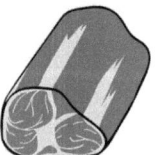

Meso

nyama

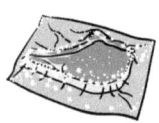

Zamrznjena hrana

chakula waliohifadhiwa

Hladne mesnine

vipande vya nyama baridi

Konzerve

chakula cha kopo

Pralni prašek

sabuni ya unga

Sladkarije

pipi

Gospodinjski izdelki

bidhaa za kaya

Čistilno sredstvo

bidhaa za kusafisha

Prodajalka

mtu mauzo

Blagajna

mpaka

Blagajnik

keshia

Nakupovalni seznam

orodha ya manunuzi

Delovni čas

masaa ya ufunguzi

Denarnica

mkoba

Kreditna kartica

kadi

Torba

mfuko

Plastična vrečka

mfuko wa plastiki

Voda

maji

Sok

sharubati

Mleko

maziwa

Kola

coke

Vino

mvinyo

Pivo

bia

Alkohol

pombe

Kakav

kakao

Čaj

chai

Kava

kahawa

Espresso

spreso

Kapučino

kapuchino

Banana

ndizi

Jabolko

tufaha

Pomaranča

machungwa

Lubenica

tikiti

Limona

lemon

Korenje

karoti

Česen

kitunguu saumu

Bambus

mianzi

Čebula

kitunguu

Goba

uyoga

Oreščki

karanga

Rezanci

nudo

Špageti

spageti

Riž

mpunga

Solata

saladi

Ocvrt krompirček

vibanzi

Pečen krompir

viazi vya kukaanga

Pica

piza

Hamburger

hambaga

Sendvič

sandwichi

Zrezek

kipande

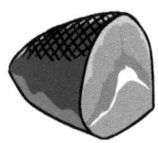

Šunka

paja la mnyama

Salama

salami

Klobasa

soseji

Piščanec

kuku

Pečenka

choma

Riba

samaki

Ovseni kosmiči

oats ya uji

Musli

muesli

Koruzni kosmiči

cornflakes

Moka

unga

Rogljiček

kroisanti

Žemlja

andazi

Kruh

mkate

Prepečenec

mkate wa kubanika

Piškoti

biskuti

Maslo

siagi

Skuta

maziwa mgando

Torta

keki

Jajce

yai

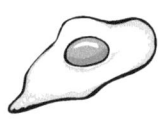

Pečeno jajce na oko

yai kukaanga

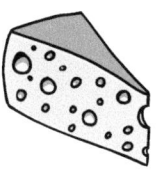

Sir

jibini

Sladoled

aiskrimu

Sladkor

sukari

Med

asali

Marmelada

jemu

Čokoladni namaz

kuenea kwa chokoleti

Kari

mchuzi wa viungo

Kmetija
shamba

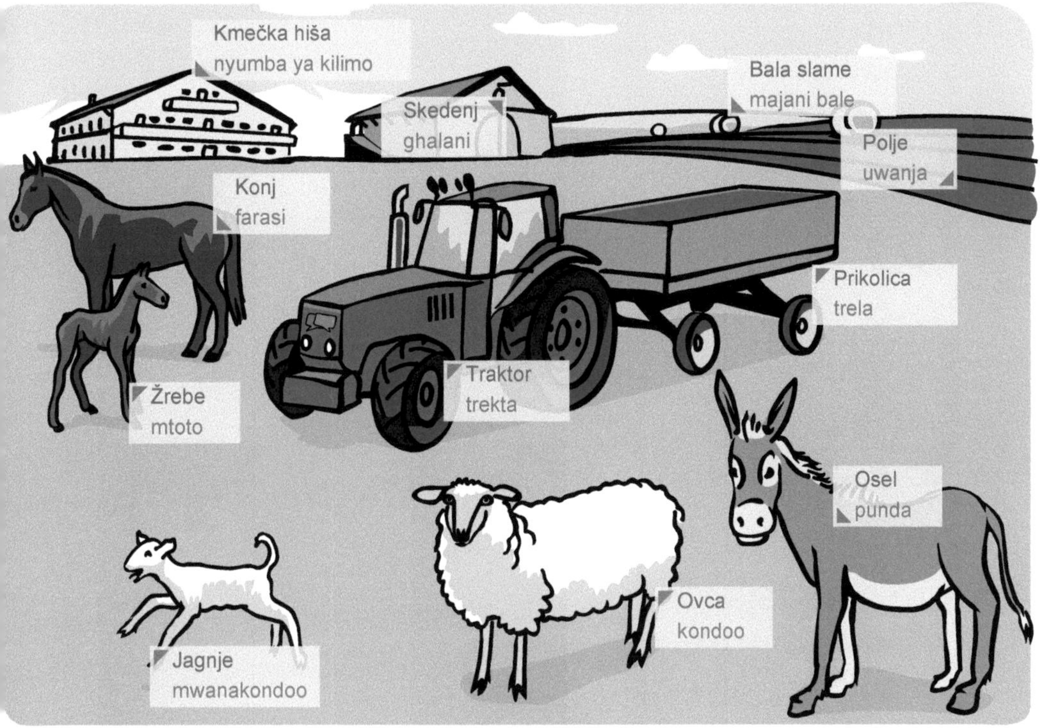
Kmečka hiša
nyumba ya kilimo
Skedenj
ghalani
Bala slame
majani bale
Polje
uwanja
Konj
farasi
Prikolica
trela
Traktor
trekta
Žrebe
mtoto
Osel
punda
Ovca
kondoo
Jagnje
mwanakondoo

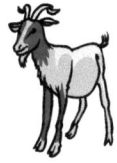

Koza

mbuzi

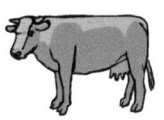

Krava

ng'ombe

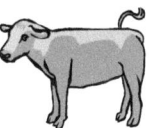

Tele

ndama

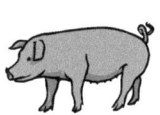

Prašič

nguruwe

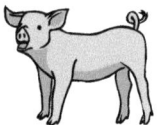

Pujsek

mwananguruwe

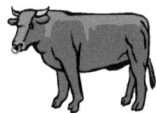

Bik

fahali

Gos

batabukini

Raca

bata

Piščanec

kifaranga

Kokoš

kuku

Petelin

jogoo

Podgana

panya

Mačka

paka

Miš

panya

Vol

ng'ombe

Pes

mbwa

Pasja uta

nyumba ya mbwa

Cev za zalivanje

bomba la bustani

Kangla za zalivanje

debe la kumwagilia maji

Kosa

fyekeo

Plug

kulima

Srp

mundu

Motika

jembe

Vile

uma wa nyasi

Sekira

shoka

Samokolnica

toroli

Korito

kupitia nyimbo

Kangla za mleko

chombo cha maziwa

Vreča

gunia

Ograja

ua

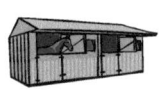

Hlev

imara

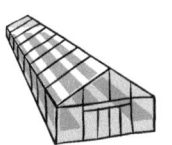

Rastlinjak

chafu

Prst

udongo

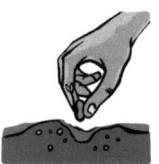

Seme

mbegu

Gnojilo

mbolea

Kombajn

kivunaji

Žeti

....

mavuno

Žetev

....

mavuno

Jam

....

viazi vikuu

Pšenica

....

ngano

Soja

....

soya

Krompir

....

viazi

Koruza

....

mahindi

Oljna ogrščica

....

rapa

Sadno drevo

....

mti wa matunda

Maniok

....

muhogo

Žito

....

nafaka

Hiša

nyumba

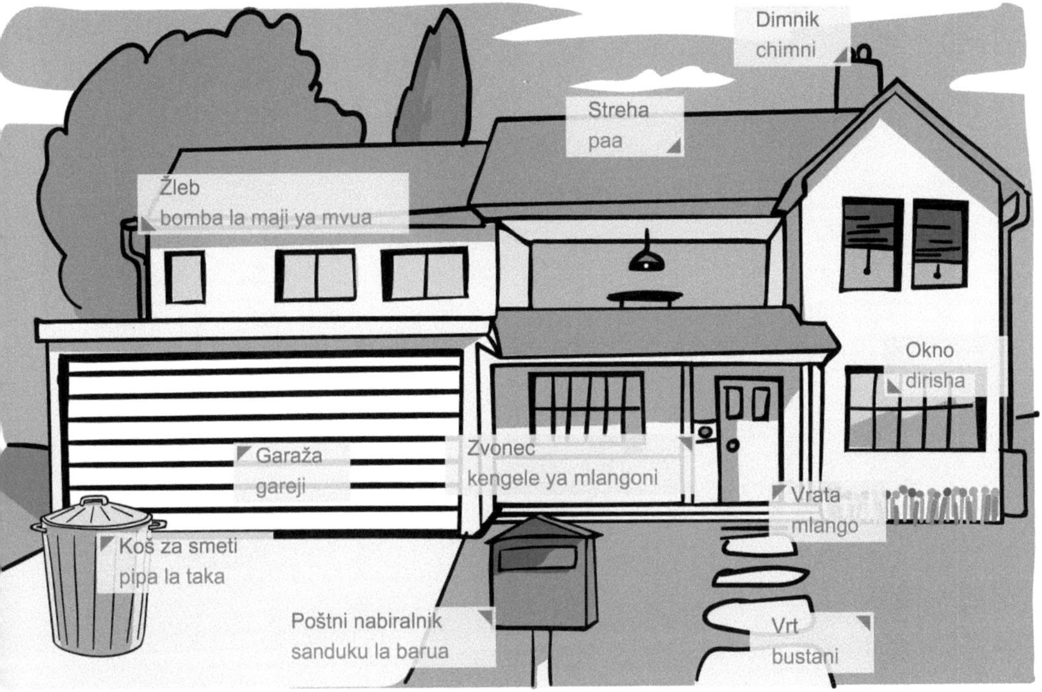
Dimnik
chimni
Streha
paa
Žleb
bomba la maji ya mvua
Okno
dirisha
Garaža
gareji
Zvonec
kengele ya mlangoni
Vrata
mlango
Koš za smeti
pipa la taka
Poštni nabiralnik
sanduku la barua
Vrt
bustani

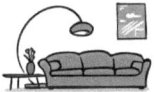

Dnevna soba

sebuleni

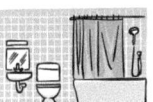

Kopalnica

bafu

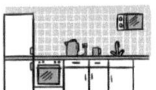

Kuhinja

jikoni

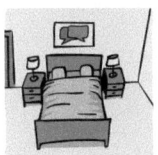

Spalnica

chumba cha kulala

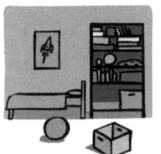

Otroška soba

chumba ya mtoto

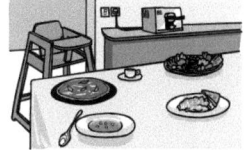

Jedilnica

chumba cha kulia

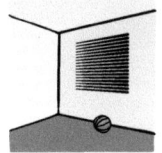

Tla

sakafu

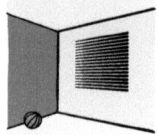

Stena

ukuta

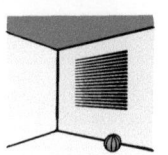

Strop

dari

Klet

pishi

Savna

sauna

Balkon

roshani

Terasa

mtaro

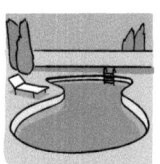

Bazen

kidimbwi

Kosilnica

mashine ya kukata nyasi

Rjuha

karatasi

Posteljno pregrinjalo

kitambaa cha kupamba
kitanda

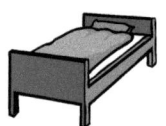

Postelja

kitanda

Metla

ufagio

Vedro

ndoo

Stikalo

kubadili

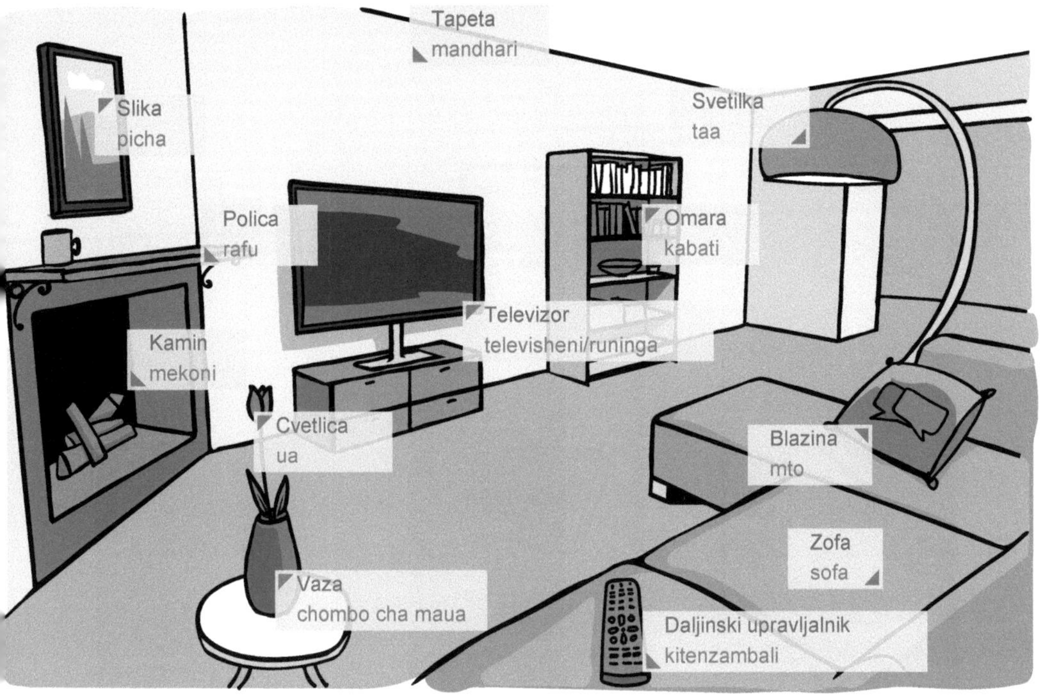

Tapeta
mandhari

Slika
picha

Svetilka
taa

Polica
rafu

Omara
kabati

Kamin
mekoni

Televizor
televisheni/runinga

Cvetlica
ua

Blazina
mto

Zofa
sofa

Vaza
chombo cha maua

Daljinski upravljalnik
kitenzambali

Preproga

zulia

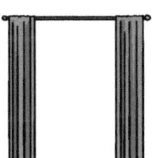

Zavesa

pazia

Miza

meza

Stol

kiti

Gugalnik

kiti cha bembea

Naslanjač

armchair

Knjiga

kitabu

Odeja

blanketi

Dekoracija

mapambo

Drva

kuni

Film

filamu

Glasbeni stolp

kifaa cha hi-fi

Ključ

ufunguo

Časopis

gazeti

Slika

uchoraji

Plakat

bango

Radio

redio

Beležka

daftari

Sesalnik

kifyonza

Kaktus

dungusi kakati

Sveča

mshumaa

Kuhinja
jikoni

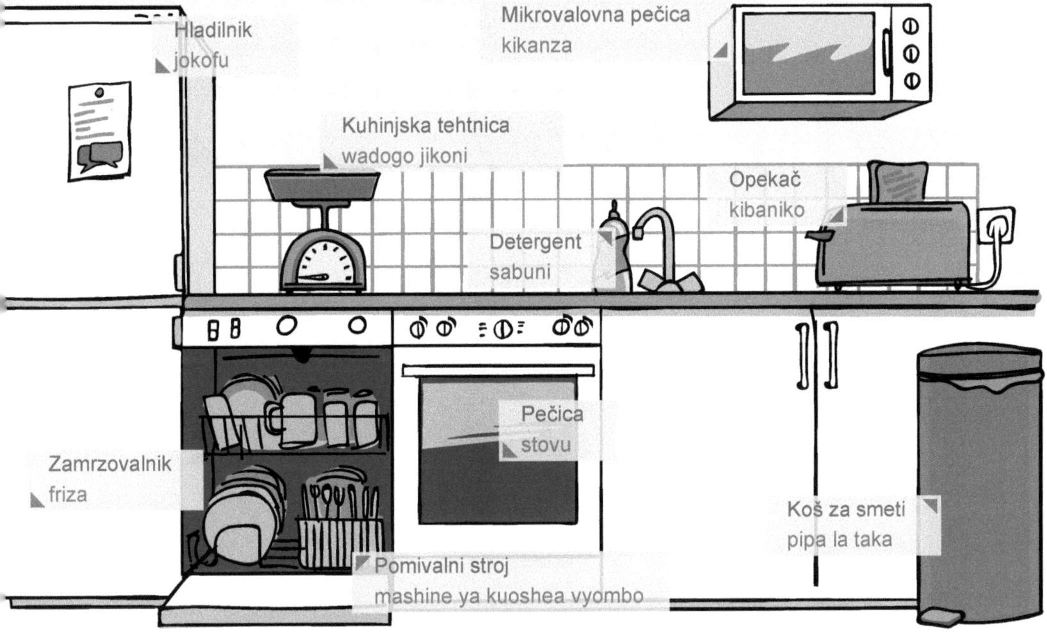
Hladilnik
jokofu
Mikrovalovna pečica
kikanza
Kuhinjska tehtnica
wadogo jikoni
Opekač
kibaniko
Detergent
sabuni
Pečica
stovu
Zamrzovalnik
friza
Koš za smeti
pipa la taka
Pomivalni stroj
mashine ya kuoshea vyombo

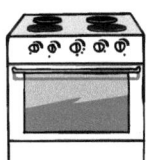

Kozica
jiko la kupika

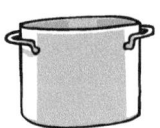

Lonec
chungu

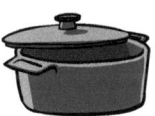

Litoželezni lonec
sufuria ya chuma

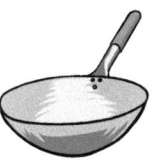

Vok / kadai
wok / kadai

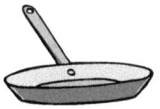

Ponev
kaango

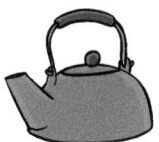

Kotliček
birika

Parni kuhalnik

stima

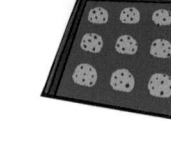

Pekač

sinia ya kuoka

Posoda

vyombo vya udongo

Skodelica

kombe

Skleda

bakuli

Jedilne paličice

vijiti vya kulia

Zajemalka

ukawa

Lopatica

mwiko mpana

Metlica

burashi

Cedilnik

kichujio

Cedilo

chujio

Strgalo

mbuzi

Možnar

chokaa

Žar

barbeque

Ognjišče

moto wazi

Deska za rezanje

ubao wa majaribio

Valjar

kijiti cha kusukuma unga

Odpirač za steklenice

kizibuo

Pločevinka

kopo

Odpirač za konzerve

inaweza kopo

Prijemalka za posodo

kishikio cha chungu

Korito

karo

Ščetka

brashi

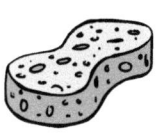

Goba

sifongo

Mešalnik

kisagaji matunda

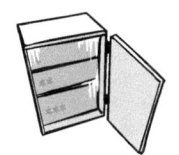

Zamrzovalna skrinja

friji ya kina

Steklenička

chupa ya mtoto

Pipa

bomba

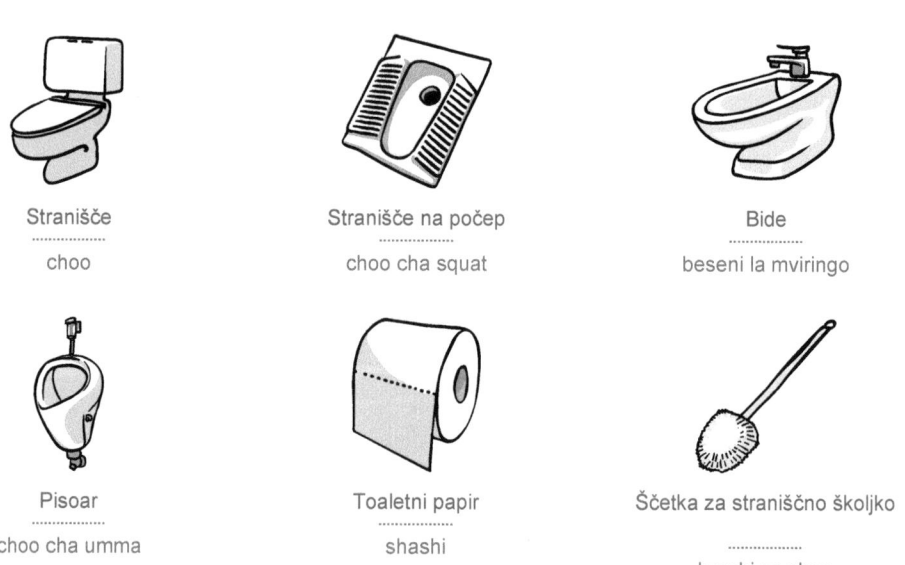

Kopalnica
bafu

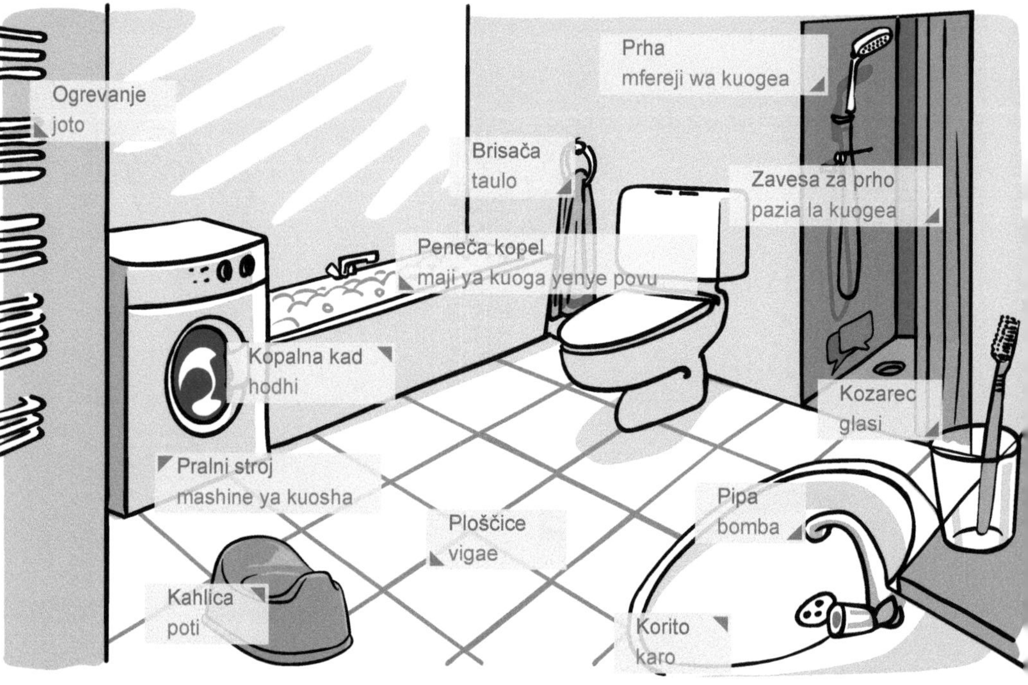
Ogrevanje
joto
Prha
mfereji wa kuogea
Brisača
taulo
Zavesa za prho
pazia la kuogea
Peneča kopel
maji ya kuoga yenye povu
Kopalna kad
hodhi
Kozarec
glasi
Pralni stroj
mashine ya kuosha
Pipa
bomba
Ploščice
vigae
Kahlica
poti
Korito
karo

Stranišče
....
choo

Stranišče na počep
....
choo cha squat

Bide
....
beseni la mviringo

Pisoar
....
choo cha umma

Toaletni papir
....
shashi

Ščetka za straniščno školjko
....
brashi ya choo

Zobna ščetka

mswaki

Zobna pasta

dawa ya meno

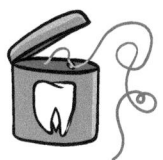

Zobna nitka

dawa ya meno

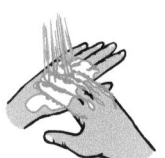

Umiti se

safisha

Ročna prha

kuoga mkono

Prha za intimne dele

msukumo wa maji

Umivalnik

bonde

Krtača za hrbet

mpako wa pili

Milo

sabuni

Gel za prhanje

jeli ya kuogea

Šampon

shampuu

Krpica za miljenje

flana

Odtok

toa maji

Krema

krimu

Deodorant

kiondoa harufu

Ogledalo

kioo

Ročno ogledalo

kioo mkono

Britvica

kinyozi

Pena za britje

povu la kunyoa

Vodica po britju

baada ya kunyoa

Glavnik

kichana

Ščetka

brashi

Sušilnik za lase

kikausha nywele

Lak za lase

marashi ya nyewele

Ličila

vipodozi

Šminka

kidomwa

Lak za nohte

varnish ya msumari

Vatirane blazinice

pamba

Škarjice za nohte

mkasi wa kucha

Parfum

manukato

Toaletna torbica

mkoba wa kuosha

Stol brez naslonjala

kinyesi

Osebna tehtnica

mizani

Kopalni plašč

nguo ya kuoga

Gumijaste rokavice

glavu za mpira

Tampon

kisodo

Damski vložki

sodo

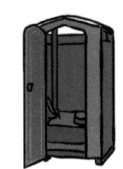

Kemično stranišče

kemikali choo

Otroška soba

chumba ya mtoto

Budilka
saa ya kengele
Plišasta igrača
kidoli cha kupakata
Avtomobilček
gari bandia
Ropotuljica
kelele
Hiška za punčke
chumba cha midoli
Darilo
sasa

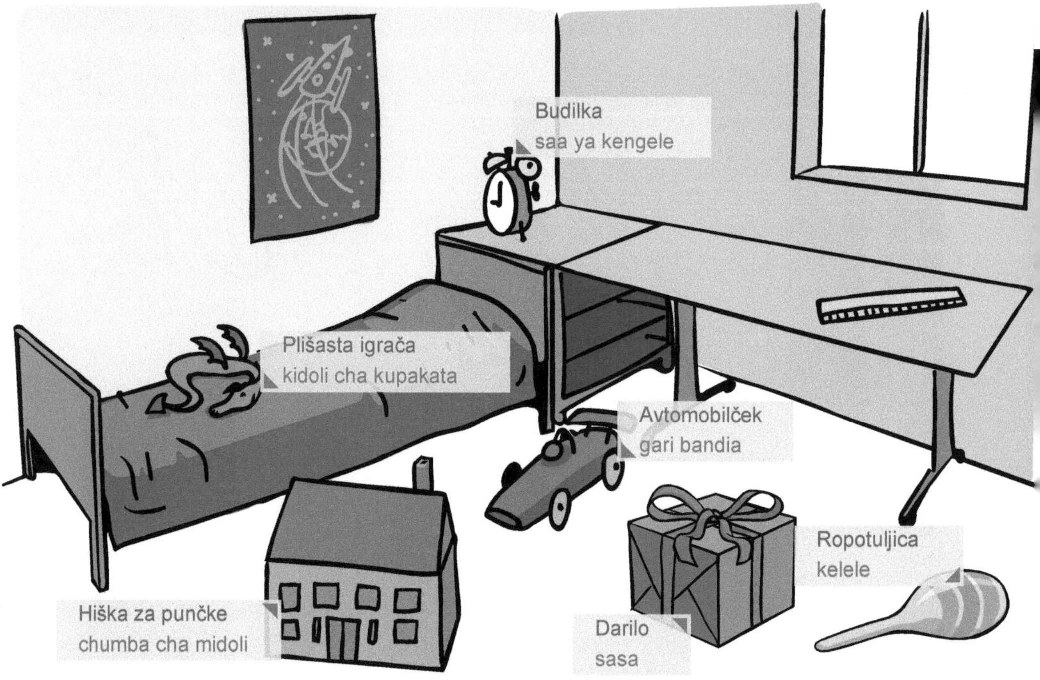

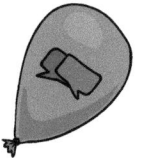

Balon

baluni

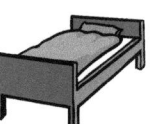

Postelja

kitanda

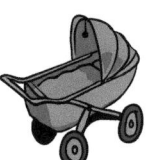

Otroški voziček

mashua

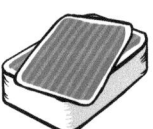

Igralne karte

staha ya kadi

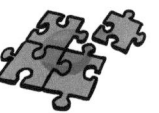

Sestavljanka

mchezo-fumb

Strip

vichekesho

Lego kocke

matofali lego

Igralne kocke

vitalu mwigo

Akcijska figura

hatua takwimu

Bodi

suti ya kulalia

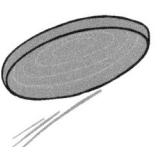

Frizbi

kisahani

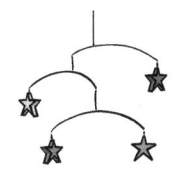

Vrtiljak za posteljico

simu

Namizna igra

ubao wa michezo

Kocka

kete

Komplet modelov vlakov

garimoshi mwigo

Duda

dummy

Zabava

chama

Slikanica

picha kitabu

Žoga

mpira

Lutka

kikaragosi

Igrati se

kucheza

Peskovnik

shimo la mchanga

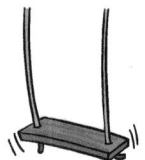

Gugalnica

bembea

Igrače

vitu bandia

Igralna konzola

kiweko cha video ya mchezo

Tricikel

baiskeli ya magurudumu

matatu

Plišasti medvedek

mwanasesere

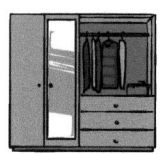

Garderoba

kabati

Nogavice

soksi

Samostoječe nogavice

stokingi

Hlačne nogavice

kibano

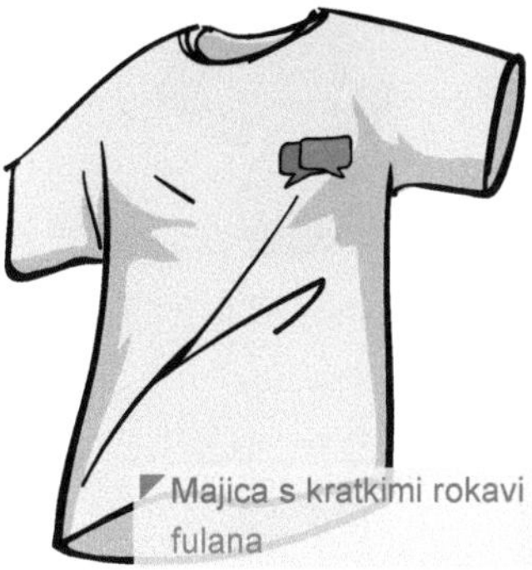

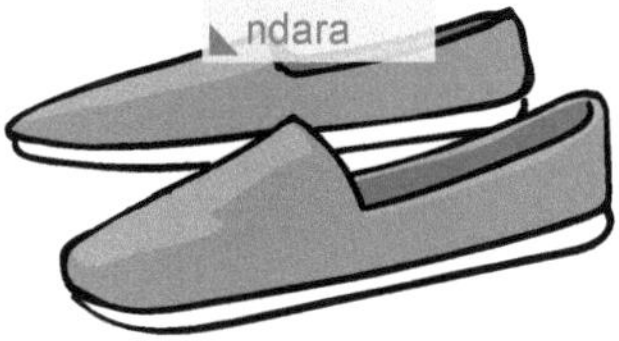

Šal
skafu

Pas
ukanda

Dežnik
mwavuli

Majica s kratkimi rokavi
fulana

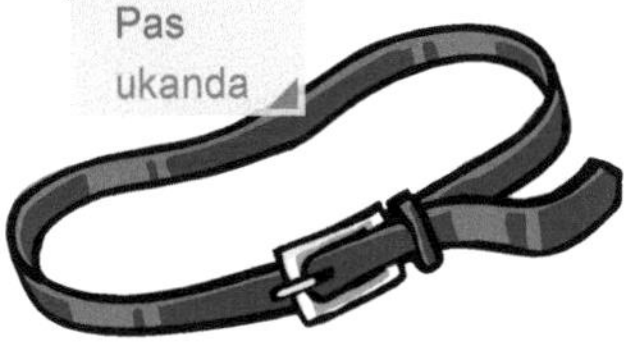

Škornji
viatu

Copati
ndara

Športni copati
wakufunzi

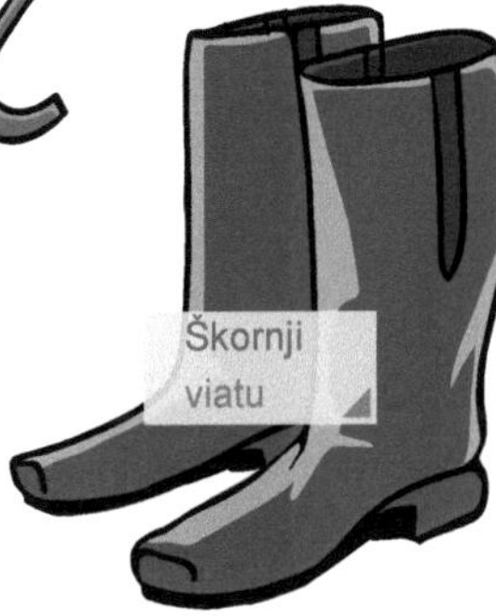

Sandali

malapa

Čevlji

viatu

Gumijasti škornji

mabuti ya mpira

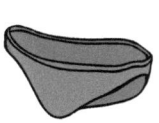

Spodnje hlače

suruali ya ndani

Modrček

sidiria

Telovnik

fulana

Bodi

mwili

Hlače

suruali

Kavbojke

dangirizi

Krilo

sketi

Bluza

blauzi

Srajca

shati

Pulover

vuta

Pletena jopica

sweta

Jopa

bleza

Jakna

jaketi

Plašč

koti

Dežni plašč

koti la mvua

Kostim

maleba

Obleka

gauni

Poročna obleka

mavazi ya harusi

Oblačilo - nguo

Obleka

suti

Spalna srajca

vazi la usiku

Pižama

pajama

Sari

sari

Naglavna ruta

skafu

Turban

kilemba

Burka

burka

Kaftan

kaftan

Abaja

abaya

Kopalke

vazi la kuogelea

Kopalne hlače

vazi la kiume la kuogelea

Kratke hlače

kaptura

Trenirka

teitei

Predpasnik

aproni

Rokavice

glavu

Gumb

kifungo

Očala

glasi

Zapestnica

bangili

Verižica

mkufu

Prstan

pete

Uhan

herini

Kapa

kofia

Obešalnik

kiango cha koti

Klobuk

kofia

Kravata

tai

Zadrga

zipu

Čelada

kofia

Naramnice

kanda za suruali

Šolska uniforma

sare za shule

Uniforma

sare

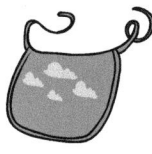

Slinček
bibu

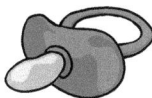

Duda
dummy

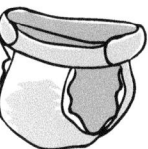

Plenica
nepi

Pisarna
ofisi

Strežnik
seva
Kartotečna omara
kabati la kuweka faili
Tiskalnik
kichapishaji
Papir
karatasi
Monitor
kiwambo
Miška
kipanya
Pisalna miza
dawati
Mapa
folda
Tipkovnica
kibodi
š za smeti
apu cha kuweka karatasi chafu
Računalnik
kompyuta
Stol
kiti

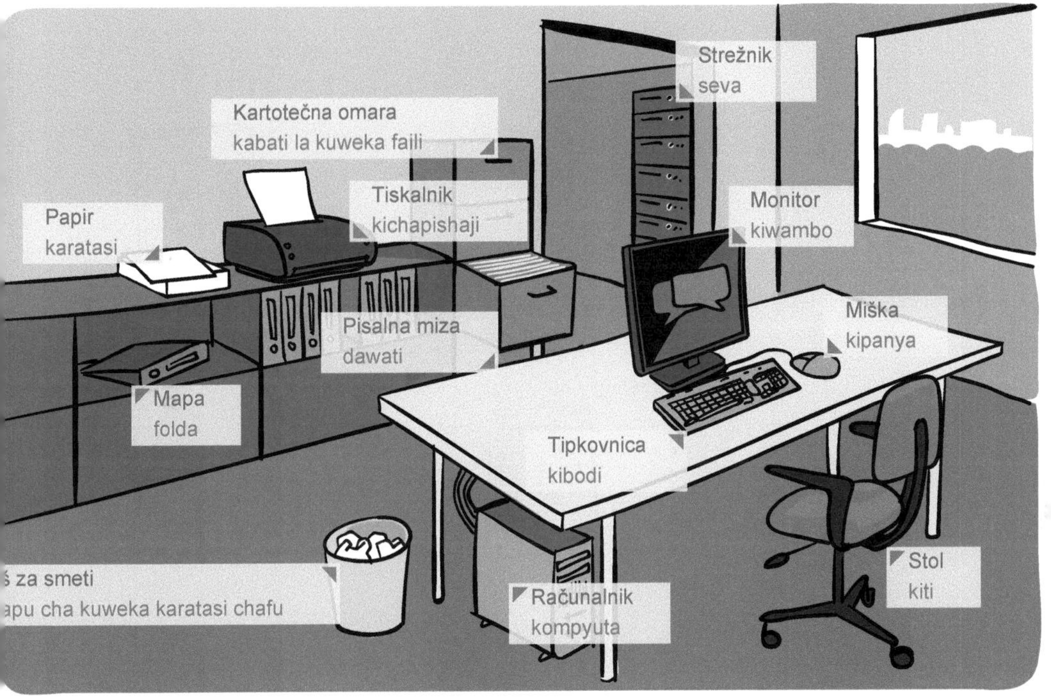

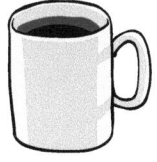

Lonček za kavo
kmobe la kahawa

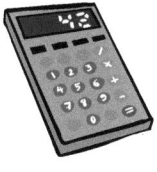

Kalkulator
kikokotoo

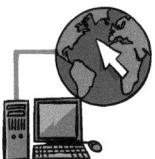

Internet
biashara

Prenosnik

mbali

Pismo

barua

Sporočilo

ujumbe

Mobilnik

rununu

Omrežje

intaneti

Kopirni stroj

fotokopia

Programska oprema

programu

Telefon

simu

Vtičnica

soketi

Telefaks

kipepesi

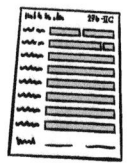

Obrazec

fomu

Dokument

hati

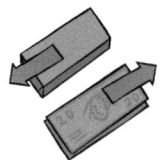

Kupiti

kununua

Plačati

kulipa

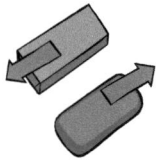

Trgovati

biashara

Denar

fedha

Dolar

dola

Evro

yuro

Jen

yeni

Rubelj

rouble

Švičarski frank

faranga ya Uswisi

Kitajski juan renminbi

renminbi yuan

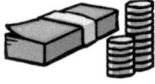

Rupija

rupia

Bankomat

eneo la kulipia

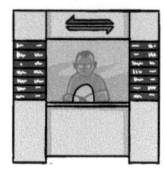		
Menjalnica	Zlato	Srebro
ofisi ya ubadilishanaji	dhahabu	fedha

Nafta	Energija	Cena
mafuta	nishati	bei
		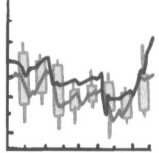
Pogodba	Davek	Delnice
mkataba	kodi	bidhaa

Delati	Delojemalec	Delodajalec
kazi	mfanyakazi	mwajiri

Tovarna	Trgovina	
kiwanda	duka	

Policist
afisa wa polisi

Gasilec
mzimamoto

Kuhar
mpishi

Zdravnik
daktari

Pilot
rubani

Vrtnar

mtunza bustani

Mizar

seremala

Šivilja

mshonaji

Sodnik

hakimu

Kemik

mwanakemia

Igralec

muigizaji

Voznik avtobusa

dereva wa basi

Taksist

dereva wa teksi

Ribič

mvuvi

Čistilka

mwanamke wa kusafisha

Krovec

mwezekaji

Natakar

mhudumu

Lovec

mwindaji

Pleskar

mchoraji

Pek

mwokaji

Električar

umeme

Gradbenik

mjenzi

Inženir

mhandisi

Mesar

mchinjaji

Vodovodni inštalater

fundi bomba

Poštar

mwanaposta

Vojak

mwanajeshi

Arhitekt

msanifu majengo

Blagajnik

keshia

Cvetličar

muuza maua

Frizer

msusi

Sprevodnik

kondakta

Mehanik

mekanika

Kapitan

nahodha

Zobozdravnik

daktari wa meno

Znanstvenik

mwanasayansi

Rabin

rabbi

Imam

imamu

Menih

mtawa

Duhovnik

kasisi

Orodje
zana

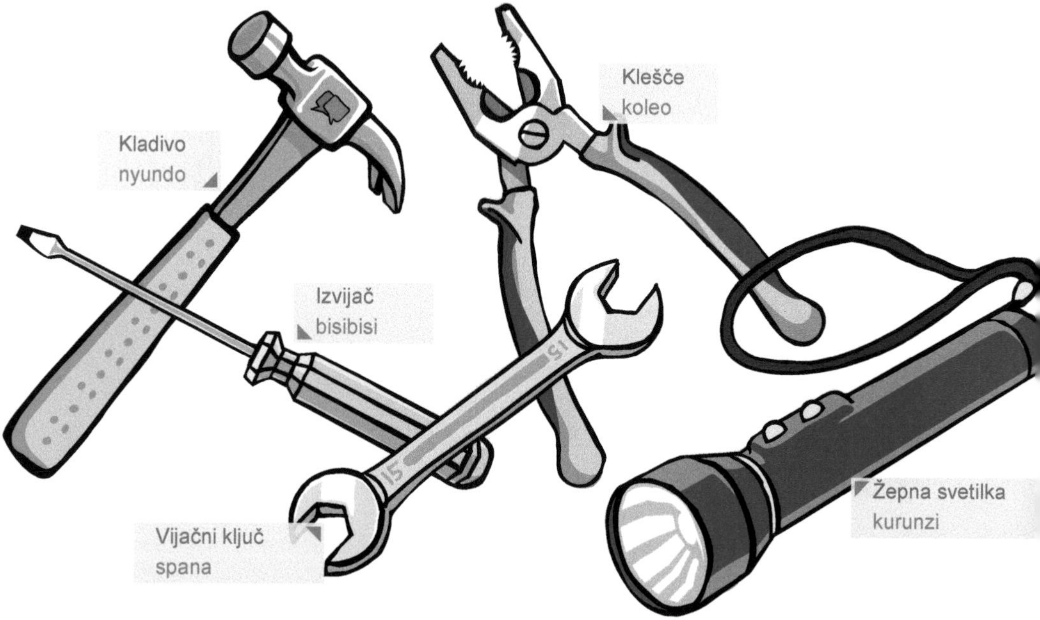
Kladivo
nyundo
Klešče
koleo
Izvijač
bisibisi
Vijačni ključ
spana
Žepna svetilka
kurunzi

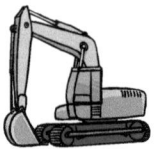

Bager
mchimbaji

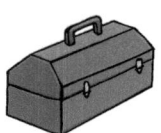

Zaboj z orodjem
sanduku la vifaa

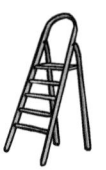

Lestev
ngazi

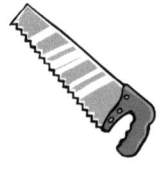

Žaga
msumeno

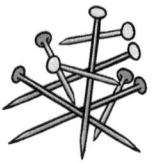

Žeblji
misumari

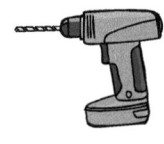

Vrtalnik
kuchimba visima

Popraviti

kukarabati

Lopata

sepetu

Šment!

Lo!

Smetišnica

kishikio cha uchafu

Posoda z barvo

chungu cha rangi

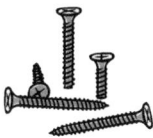

Vijaki

skurubu

Glasbeni instrument

ala za muziki

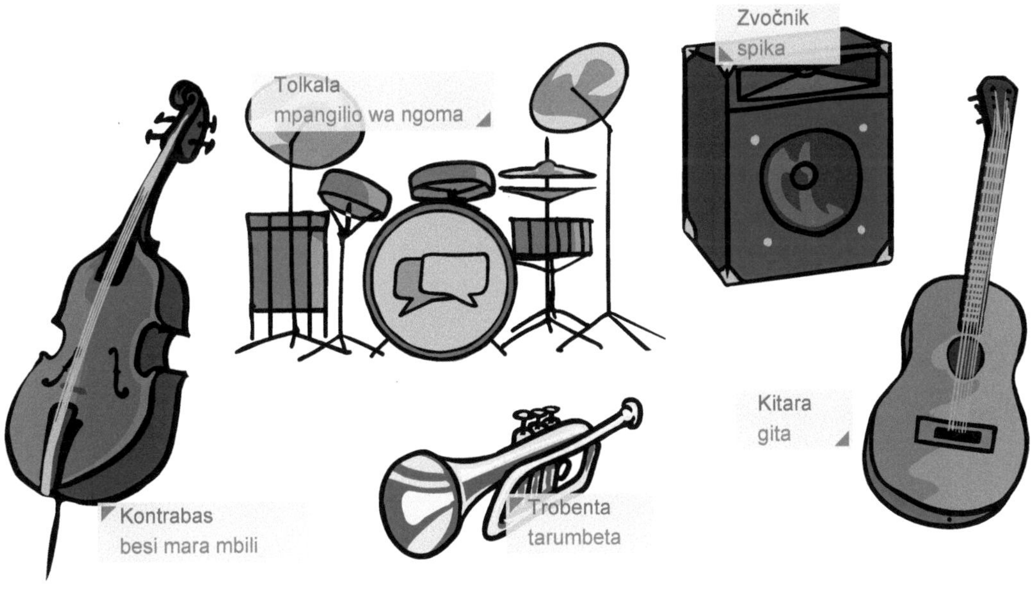

Zvočnik
spika

Tolkala
mpangilio wa ngoma

Kitara
gita

Kontrabas
besi mara mbili

Trobenta
tarumbeta

Klavir

piano

Violina

fidla

Bas kitara

ubeji

Pavke

timpani

Bobni

ngoma

Sintetizator

kibodi

Saksofon

saksafoni

Flavta

filimbi

Mikrofon

maikrofoni

Živalski vrt

bustani ya wanyama

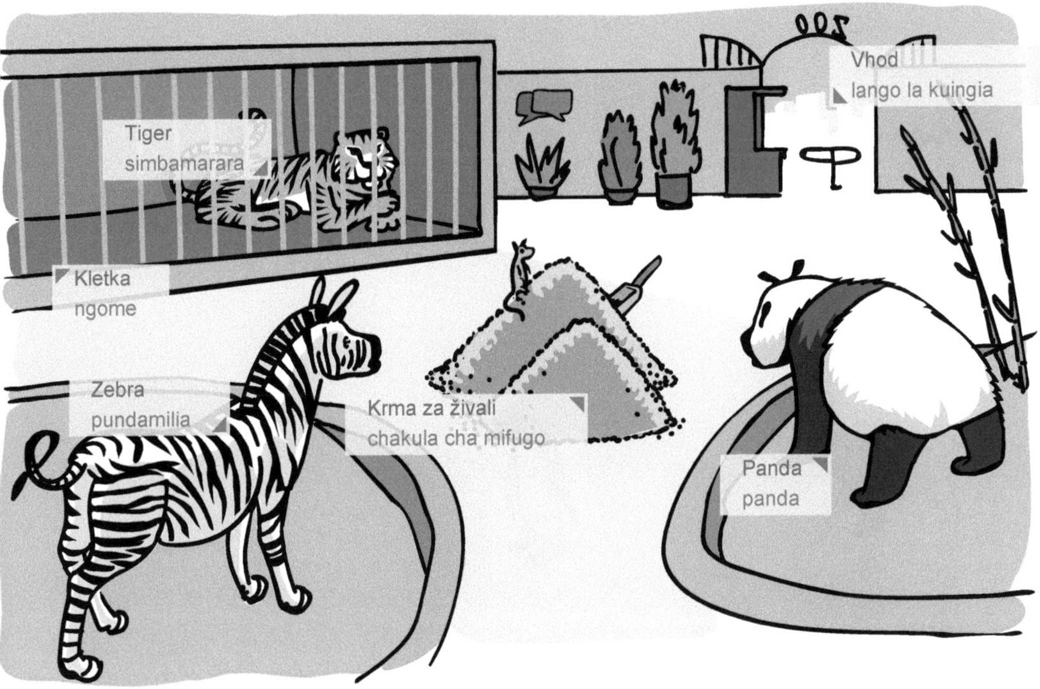

Vhod
lango la kuingia
Tiger
simbamarara
Kletka
ngome
Zebra
pundamilia
Krma za živali
chakula cha mifugo
Panda
panda

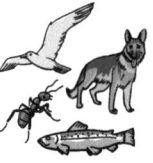

Živali

wanyama

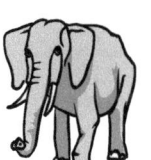

Slon

tembo

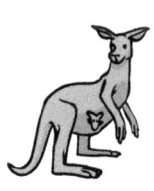

Kenguru

kangaruu

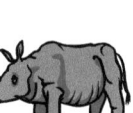

Nosorog

kifaru

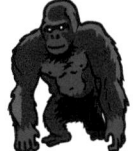

Gorila

sokwe

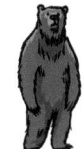

Medved

dubu

Kamela

ngamia

Noj

mbuni

Lev

simba

Opica

tumbili

Plamenec

heroe

Papagaj

kasuku

Severni medved

dubu

Pingvin

penguini

Morski pes

papa

Pav

tausi

Kača

nyoka

Krokodil

mamba

Oskrbnik v živalskem vrtu

mtunza wanyama

Tjulenj

muhuri

Jaguar

jaguar

Poni

mwanafarasi

Leopard

chui

Povodni konj

kiboko

Žirafa

twiga

Orel

tai

Divji prašič

nguruwe mwitu

Riba

samaki

Želva

kobe

Mrož

sili

Lisica

mbweha

Gazela

paa

Ameriški nogomet
soka ya marekani

Kolesarjenje
uendeshaji baiskeli

Tenis
tenisi

Košarka
mpira wa kikapu

Plavanje
kuogelea

Hokej
magongo ya barafuni

Boks
ndondi

Nogomet
soka

Badminton
vinyoya

Atletika
riadha

Rokomet
mpira wa mikono

Smučanje
skii

Polo
polo

Dejavnosti
shughuli

Skočiti
kuruka
Objeti
kumbatia
Smejati se
cheka
Hoditi
kutembea
Peti
kuimba
Sanjati
ota ndoto
Moliti
kuomba
Poljubiti
busu

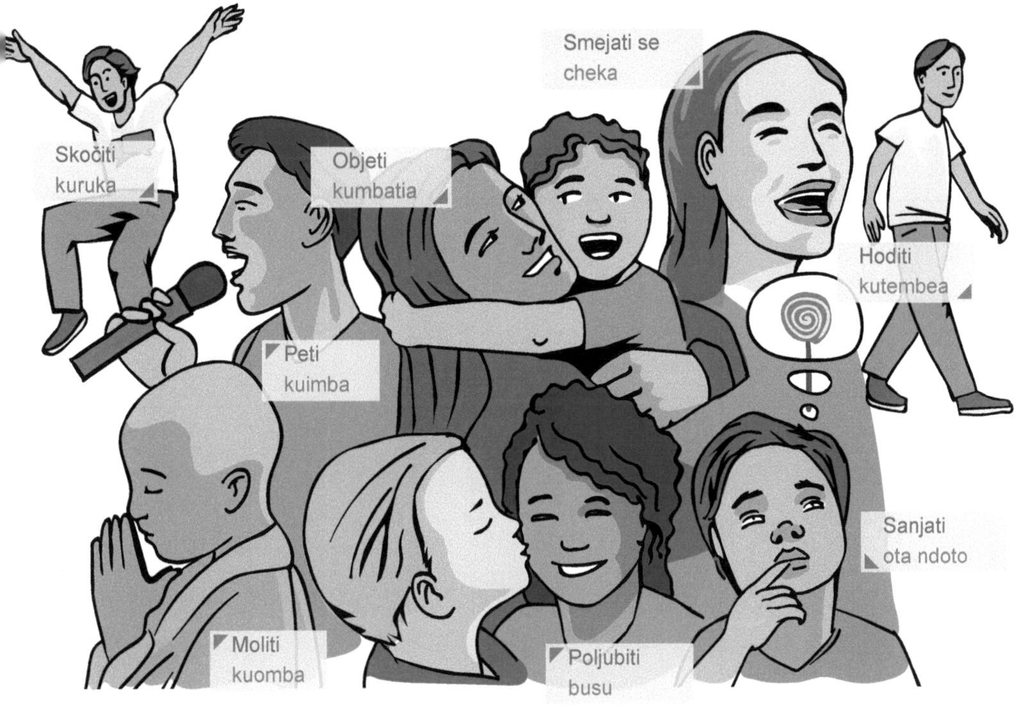

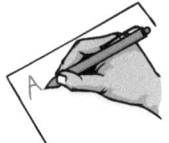

Pisati
kuandika

Risati
kuteka

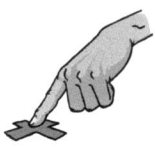

Pokazati
angalia

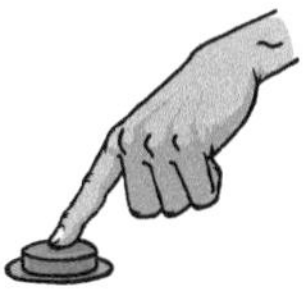

Potisniti
sukuma

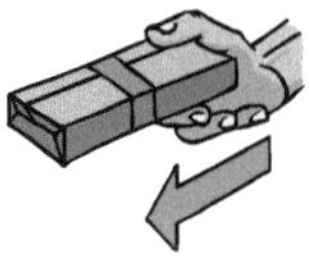

Dati
kutoa

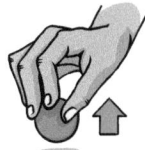

Vzeti
kuchukua

Imeti

kuwa

Narediti

fanya

Biti

kuwa

Stati

kusimama

Teči

kukimbia

Vleči

vuta

Vreči

kutupa

Pasti

kuanguka

Ležati

hadaa

Čakati

kusubiri

Nositi

kubeba

Sedeti

kukaa

Obleči se

vaa nguo

Spati

usingizi

Zbuditi se

kuamka

Gledati

kuangalia

Jokati

lia

Božati

kiharusi

Česati se

chana nywele

Govoriti

ongea

Razumeti

kuelewa

Vprašati

kuuliza

Poslušati

kusikiliza

Piti

kunywa

Jesti

kula

Pospraviti

nadhifisha

Ljubiti

upendo

Kuhati

mpishi

Voziti

gari

Leteti

kuruka

Jadrati

meli

Računanje

kokotoa

Brati

kusoma

Učiti se

kujifunza

Delati

kazi

Poročiti se

kuoa

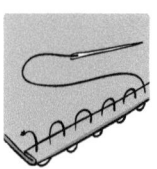

Šivati

kushona

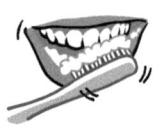

Ščetkati si zobe

piga mswaki

Ubiti

kuua

Kaditi

moshi

Poslati

kutuma

Stara mati
bibi

Stari oče
babu

Oče
baba

Mati
mama

Dojenček
mtoto

Hči
binti

Sin
bin

Gost

mgeni

Teta

shangazi

Stric

mjomba

Brat

kaka

Sestra

dada

Telo
mwili

Čelo
paji la uso
Oko
jicho
Rama
bega
Prst
kidole
Obraz
uso
Brada
kidevu
Dlan
mkono
Noga
mguu
Prsi
matiti
Roka
mkono

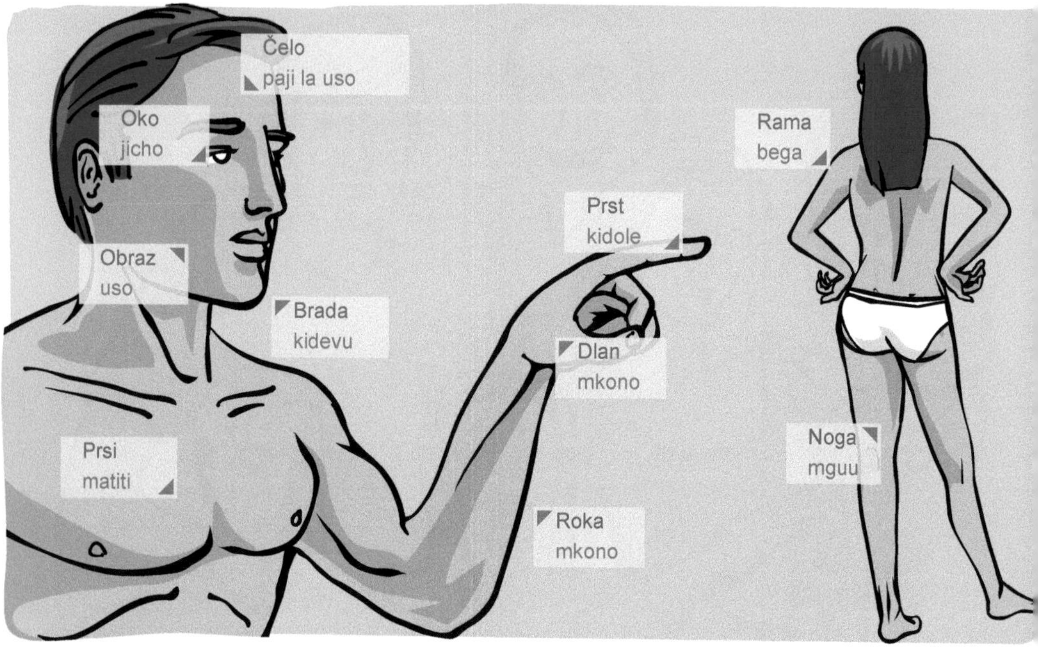

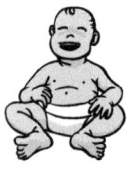

Dojenček

mtoto

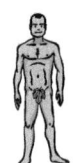

Človek

mwanamume

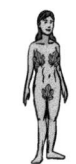

Ženska

mwanamke

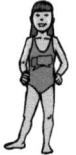

Dekle

msichana

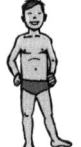

Fant

mvulana

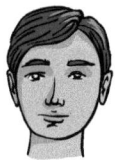

Glava

kichwa

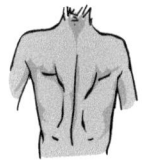

Hrbet

nyuma

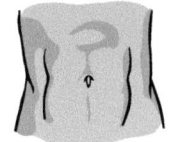

Trebuh

tumbo

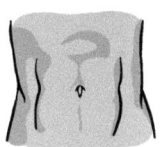

Popek

kitovu

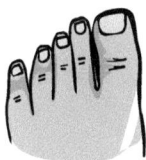

Prst na nogi

chano

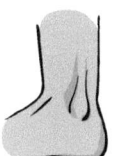

Peta

kisigino

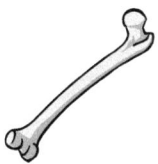

Kost

mfupa

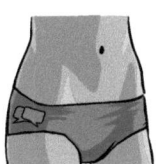

Kolk

nyonga

Koleno

goti

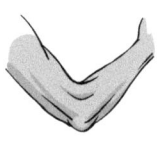

Komolec

kiwiko

Nos

pua

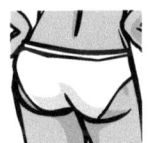

Zadnjica

chini

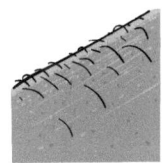

Koža

ngozi

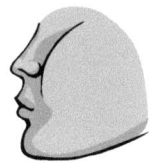

Lice

shavu

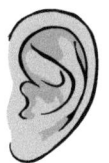

Uho

sikio

Ustnica

mdomo

Usta

kinywa

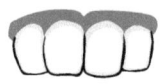

Zob

jino

Jezik

ulimi

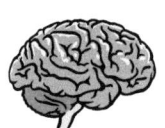

Možgani

ubongo

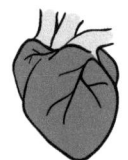

Srce

moyo

Mišica

misuli

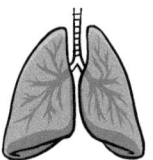

Pljuča

pafu

Jetra

ini

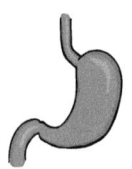

Želodec

tumbo

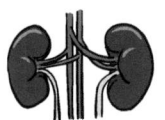

Ledvice

figo

Spolni odnos

jinsia

Kondom

kondomu

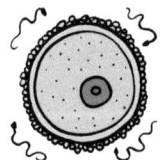

Jajčece

ovari

Semenska tekočina

shahawa

Nosečnost

mimba

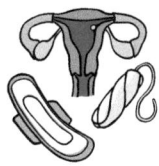

Menstruacija

hedhi

Vagina

uke

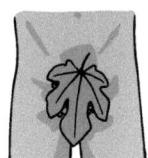

Penis

uume

Obrv

unyusi

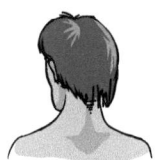

Lasje

nywele

Vrat

shingo

Bolnišnica
hospitali

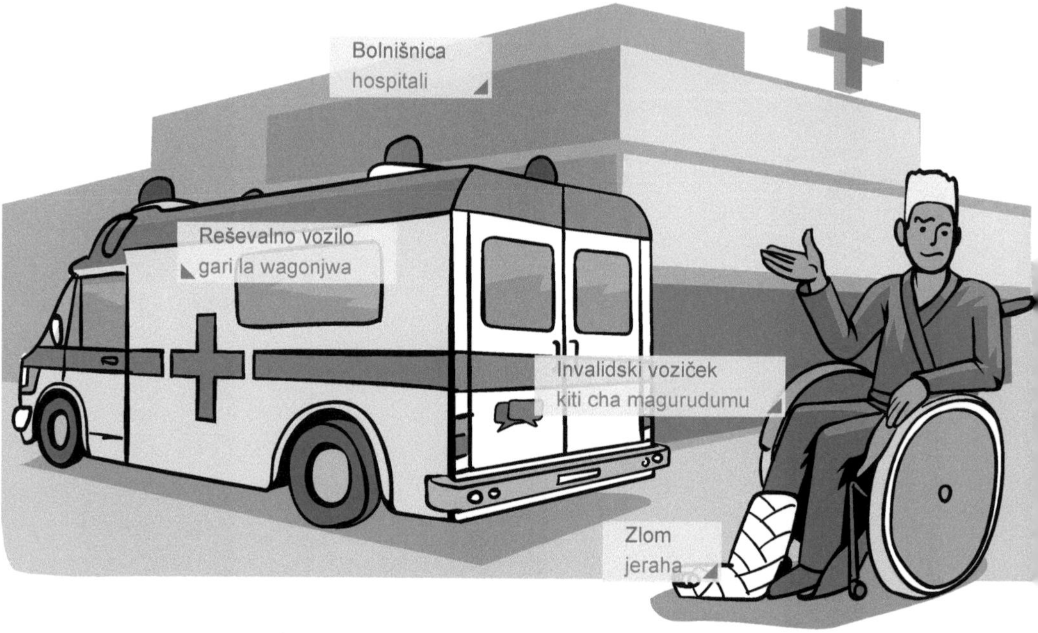

Bolnišnica
hospitali
Reševalno vozilo
gari la wagonjwa
Invalidski voziček
kiti cha magurudumu
Zlom
jeraha

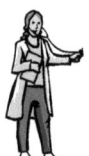

Zdravnik

daktari

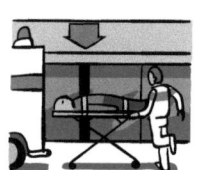

Urgenca

chumba cha dharura

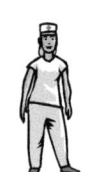

Medicinska sestra

muuguzi

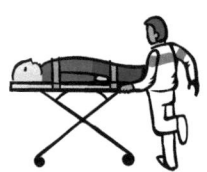

Nujni primer

dharura

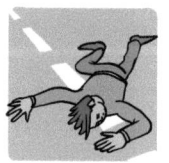

Nezavesten

kupoteza fahamu

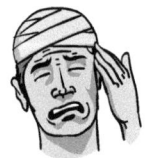

Bolečina

maumivu

Poškodba

kuumia

Krvavenje

kutokwa na damu

Srčni infarkt

mshtuko wa moyo

Kap

kiharusi

Alergija

mzio

Kašelj

kikohozi

Vročina

homa

Gripa

mafua

Driska

kuharisha

Glavobol

maumivu ya kichwa

Rak

kansa

Sladkorna bolezen

ugonjwa wa kisukari

Kirurg

daktari mpasuaji

Skalpel

kisu kidogo cha kupasulia

Operacija

operesheni

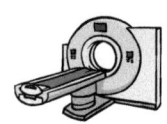

CT

picha changanufu ya mwili

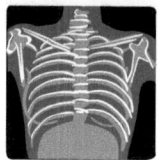

Rentgen

Eksrei

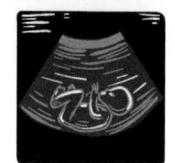

Ultrazvok

mawimbi sauti

Obrazna maska

barakoa ya uso

Bolezen

ugonjwa

Čakalnica

chumba cha kusubiri

Bergla

mkongojo

Obliž

plasta

Preveza

bendeji

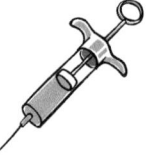

Injekcija

sindano

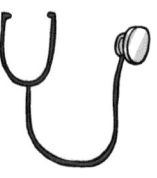

Stetoskop

stetoskopu

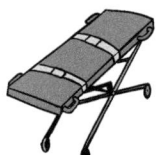

Nosila

machela

Klinični termometer

kipimajoto cha kliniki

Porod

kuzaliwa

Prekomerna teža

unene kupita kiasi

Slušni pripomoček	Razkužilo	Okužba
kusikia misaada	kipukusi	maambukizi

Virus	HIV / AIDS	Medicina
virusi	VVU / UKIMWI	dawa
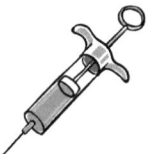	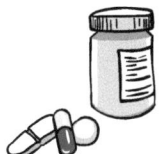	
Cepljenje	Tablete	Tableta
chanjo	vidonge	kidonge

Klic v sili	Merilnik krvnega tlaka	bolano / zdravo
simu ya dharura	haemodainamometa	mgonjwa / mwenye afya

Na pomoč!

Msaada!

Alarm

kengele

Napad

pigo

Napad

shambulizi

Nevarnost

hatari

Izhod v sili

lango la dharura

Gori!

Moto!

Gasilni aparat

kizima moto

Nezgoda

ajali

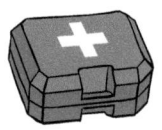

Komplet za prvo pomoč

vifaa vya huduma ya kwanza

SOS

wito wa msaada

Policija

polisi

Evropa

Ulaya

Severna Amerika

Amerika ya Kaskazini

Južna Amerika

Amerika ya Kusini

Afrika

Afrika

Azija

Asia

Avstralija

Australia

Atlantski ocean

Atlantiki

Tihi ocean

Pasifiki

Indijski ocean

Bahari ya Hindi

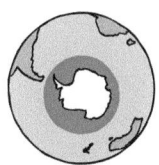

Južni ocean

Bahari ya Antaktiki

Arktični ocean

Bahari ya Aktiki

Severni tečaj

Ncha ya Kaskazini

Južni tečaj

Ncha ya Kusini

Antarktika

Antaktika

Zemlja

dunia

Kopno

nchi

Morje

bahari

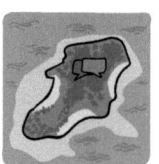

Otok

kisiwa

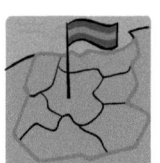

Narod

taifa

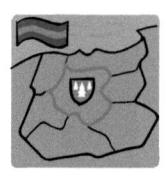

Država

jimbo

Številčnica

uso wa saa

Urni kazalec

akrabu ya saa

Minutni kazalec

akrabu ya dakika

Sekundni kazalec

akrabu ya sekunde

Koliko je ura?

Ni saa ngapi?

Dan

siku

Čas

wakati

Zdaj

sasa

Digitalna ura

saa ya dijitali

Minuta

dakika

Ura

saa

Teden
wiki

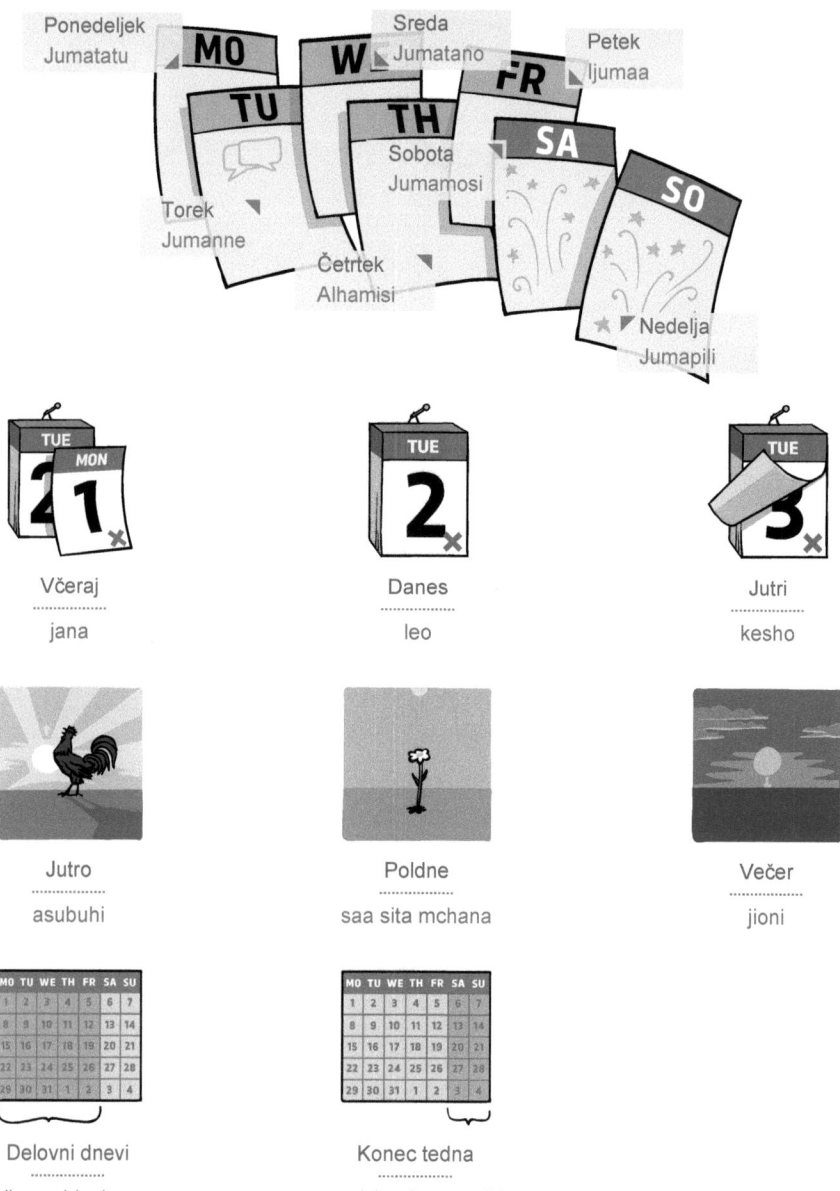

Ponedeljek — Jumatatu — MO

Sreda — Jumatano — W

Petek — Ijumaa — FR

Torek — Jumanne — TU

Četrtek — Alhamisi — TH

Sobota — Jumamosi — SA

Nedelja — Jumapili — SO

Včeraj
jana

Danes
leo

Jutri
kesho

Jutro
asubuhi

Poldne
saa sita mchana

Večer
jioni

Delovni dnevi
siku za biashara

Konec tedna
mwishoni mwa wiki

Leto
mwaka

Dež
mvua
Mavrica
upinde wa mvua
Veter
upepo
Sneg
theluji
Pomlad
majira ya machipuko
Jesen
vuli
Poletje
kiangazi
Zima
majira ya baridi

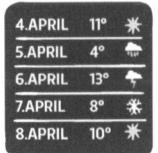

4.APRIL 11°
5.APRIL 4°
6.APRIL 13°
7.APRIL 8°
8.APRIL 10°

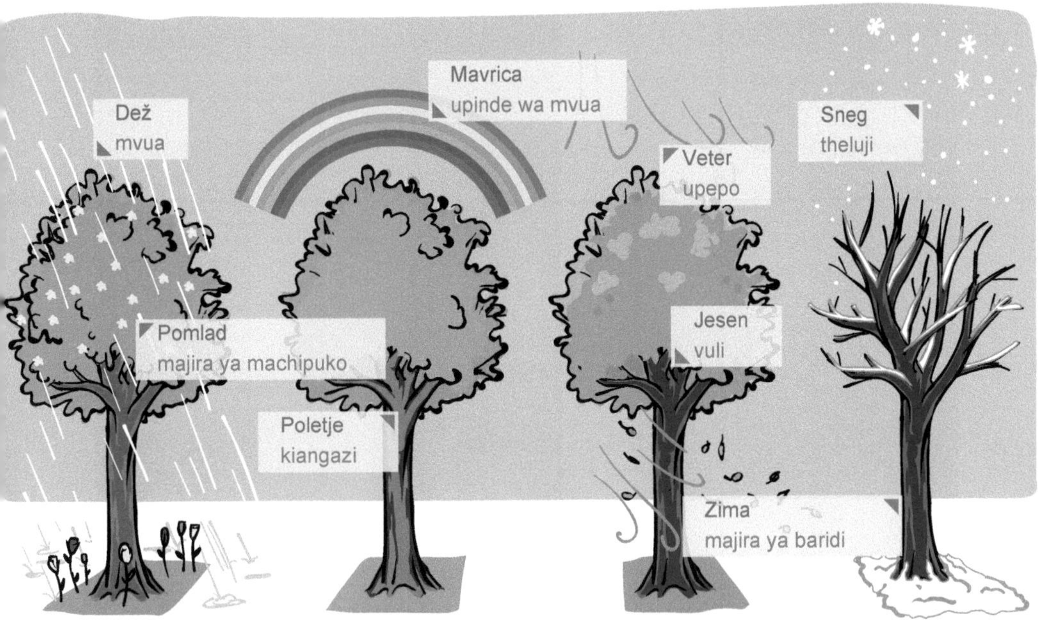

Vremenska napoved

utabiri wa hali ya hewa

F C
120 90 60 30 0 -30
40 30 20 10 0 -10 -20

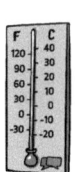

Termometer

kipimajoto

Sončna svetloba

mwanga wa jua

Oblak

wingu

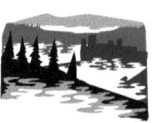

Megla

ukungu

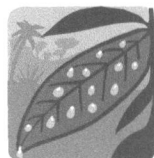

Vlažnost

unyevu

Strela

umeme

Grom

radi

Nevihta

dhoruba

Toča

mvua ya mawe

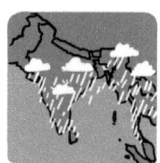

Monsun

monsuni

Poplava

mafuriko

Led

barafu

Januar

Januari

Februar

Februari

Marec

Machi

April

Aprili

Maj

Mei

Junij

Juni

Julij

Julai

Avgust

Agosti

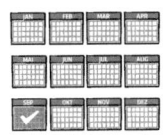

September
....
Septemba

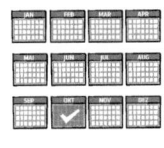

Oktober
....
Oktoba

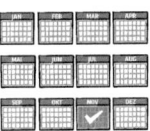

November
....
Novemba

December
....
Desemba

Oblike
maumbo

Krogla
....
mduara

Kvadrat
....
mraba

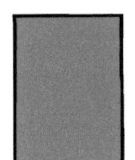

Pravokotnik
....
mstatili

Trikotnik
....
pembetatu

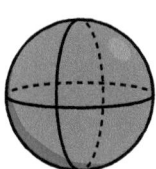

Krogla
....
nyanja

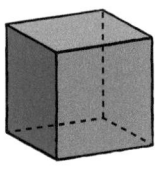

Kocka
....
mchemraba

Bela

nyeupe

Rumena

manjano

Oranžna

chungwa

Rožnata

rangi ya waridi

Rdeča

nyekundu

Vijolična

hudhurungi

Modra

bluu

Zelena

kijani

Rjava

hanja

Siva

jivujivu

Črna

nyeusi

veliko / malo

mengi / kidogo

jezno / umirjeno

hasira / pole

lepo / grdo

nzuri / mbaya

začetek / konec

mwanzo / mwisho

veliko / majhno

kubwa / ndogo

svetlo / temno

angavu / giza

brat / sestra

kaka / dada

čisto / umazano

safi / chafu

popolno / nepopolno

kamilika / tokamilika

dan / noč

siku / usiku

mrtvo / živo

wafu / hai

široko / ozko

pana / nyembamba

užitno / neužitno

kulika / kutolika

zlobno / prijazno

ovu / ema

vznemirjeno / zdolgočaseno

sisimkwa / udhika

debelo / vitko

nene / nyembamba

prvo / zadnje

kwanza / mwisho

prijatelj / sovražnik

rafiki / adui

polno / prazno

jaa / tupu

trdo / mehko

ngumu / laini

težko / lahko

nzito / nyepesi

lakota / žeja

njaa / kiu

bolano / zdravo

mgonjwa / mwenye afya

nezakonito / zakonito

haramu / kisheria

pametno / neumno

akili / kijinga

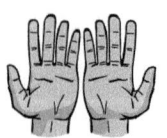

levo / desno

kushoto / kulia

blizu / daleč

karibu / mbali

novo / rabljeno

mpya / kutumika

nič / nekaj

kitu / jambo

staro / mlado

zee / changa

vklopljeno / izklopljeno

waka / zima

odprto / zaprto

wazi / fungwa

tiho / glasno

utulivu / kelele

bogato / revno

tajiri / masikini

prav / narobe

sahihi / kosa

grobo / gladko

mbaya / laini

žalostno / veselo

huzunika / furahia

kratko / dolgo

fupi /ndefu

počasi / hitro

polepole / haraka

mokro / suho

nyevu / kavu

toplo / hladno

joto / baridi

vojna / mir

vita / amani

0

Ničla

sufuri

1

Ena

moja

2

Dva

mbili

3

Tri

tatu

4

Štiri

nne

5

Pet

tano

6

Šest

sita

7

Sedem

saba

8

Osem

nane

9

Devet

tisa

10

Deset

kumi

11

Enajst

kumi na moja

12

Dvanajst

kumi na mbili

13

Trinajst

kumi na tatu

14

Štirinajst

kumi na nne

15

Petnajst

kumi na tano

16

Šestnajst

kumi na sita

17

Sedemnajst

kumi na saba

18

Osemnajst

kumi na nane

19

Devetnajst

kumi na tisa

20

Dvajset

ishirini

100

Sto

mia

1.000

Tisoč

elfu

1.000.000

Milijon

milioni

Jeziki
lugha

Angleščina

Kiingereza

Ameriška angleščina

Kiingereza cha Marekani

Mandarinščina

Kimandarini cha Uchina

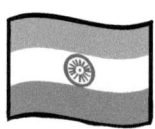

Hindujščina

Kihindi

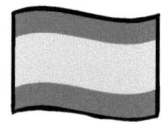

Španščina

Kihispania

Francoščina

Kifaransa

Arabščina

Kiarabu

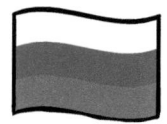

Ruščina

Kirusi

Portugalščina

Kireno

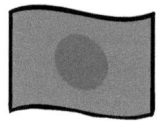

Bengalščina

Kibengali

Nemščina

Kijerumani

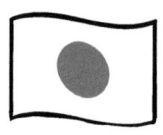

Japonščina

Kijapani

Jaz

mimi

Ti

wewe

On / ona / tisto

yeye / yeye / ni

Mi

sisi

Vi

wewe

Oni

wao

Kdo?

nani?

Kaj?

nini?

Kako?

jinsi gani?

Kje?

wapi?

Kdaj?

lini?

Ime

jina

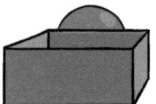

Zadaj

nyuma

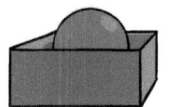

V

katika

Pred

mbele ya

Nad

juu ya

Na

kwenye

Pod

chini ya

Poleg

kando

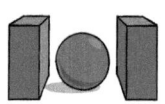

Med

kati

Kraj

mahali